EXAMEN CRITIQUE

D'UNE NOUVELLE ANALYSE

DE L'EAU D'ENGHIEN.

PARIS.—IMPRIMERIE DE FAIN, RUE RACINE, N°. 4,
PLACE DE L'ODÉON.

EXAMEN CRITIQUE

D'UNE NOUVELLE ANALYSE

DE L'EAU D'ENGHIEN,

Faite par M. LONGCHAMP,

EN RÉPONSE A CE CHIMISTE;

Par M. HENRY fils,

Pharmacien, sous-chef a la pharmacie centrale, et membre adjoint de
l'Académie royale de médecine.

(Extrait du Journal de Pharmacie. — Juillet 1826.)

PARIS.

L. COLAS, LIBRAIRE, RUE DAUPHINE, N°. 32.

1826.

6 bis.   RÉSULTAT DE PLUSIEURS ANALYSES DE L'EAU SULFUREUSE D'ENGHIEN.

SUBSTANCES TROUVÉES DANS L'EAU D'ENGHIEN.		FOURCROY.	M. HENRY fils (1).		M. FREMY. Sources de la Pêcherie.		M. LONGCHAMP.	OBSERVATIONS.
		Source du Roi.	Source du Roi.	Source de la Pêcherie.	Pour boisson.	Pour bains.	Source Cotte, ou du Roi.	
		gr.	gr.	gr.	gr.	gr.	gr.	
Substances volatiles.	Azote........	»,»»»	0,017	0,010	0, 02	0,026	0,0088	(a) Fourcroy regardait l'hydrogène sulfuré comme libre.
	Acide hydrosulfurique libre....	0,097 (a)	0,018	0,016	0,039 (e)	0,057 (e)	0,0160	(b) Cette analyse fut faite en 1822 et 1823, à l'époque de la création de l'établissement des bains, et alors on avait placé beaucoup de conduits et d'ouvrages en maçonnerie qui ont probablement donné lieu à la quantité de sulfate de chaux trouvée.
	Acide carbonique..	0,202	0,248 évalué	0,254	0,260	0,462	0,0904 (c)	
Substances fixes.	Hydrosulfates { de chaux.. de magnésie. de potasse.	»,»»» »,»»» »,»»»	0,016 0,101 } 0,117 »,»»»	»,»»» 0,119 »,»»»	0,104 »,»»» »,»»»	0,079 0,105 } 0,184 0,0097	0,0920 0,1017 »,»»»	(c) M. Longchamp a porté les sous-carbonates à l'état de carbonates, comme cela doit être pour la composition naturelle de cette eau; aussi les quantités de ces sels sont-elles plus grandes dans son analyse, et la proportion d'acide carbonique libre plus faible, ainsi qu'on le pense bien, puisqu'une partie se trouve alors combinée.
	Muriates... { de soude.. de magnésie. de potasse.	0,027 0,051 »,»»»	0,050 0,010 »,»»»	0,0205 »,»»» »,»»»	»,»»» 0,028 »,»»»	0,017 0,100 »,»»»	0,0107 0,0423 »,»»»	(d) J'ai omis de porter ces 0,03 de sous-carbonate de magnésie trouvée ainsi que l'analyse en fait foi.
	Sulfates... { de magnésie. de chaux .. de potasse.	0,082 0,372 »,»»»	0,105 0,450 (b) »,»»»	0,073 0,061 »,»»»	0,130 0,290 »,»»»	0,024 1,280 (f) »,»»»	0,0470 0,1210 0,0423	(e) M. Fremy donne ici tout l'hydrogène sulfuré qu'il a trouvé, soit libre, soit en combinaison.
	S.-Carbonates { de chaux.. de magnésie. de fer..	0,239 0,018 »,»»»	0,330 0,038 } (c) »,»»»	0,400 0,030 (d) »,»»»	0,340 0,080 0,003	0,322 0,169 0,035	0,4686 0,5525 } (c) »,»»»	(f) La proportion de sulfate de chaux très-forte ici, provient aussi des conduites en maçonnerie que M. Fremy a fait remplacer dans l'établissement par d'autres en zinc.
	Silice...........	des traces.	0,040	0,051	0,060	0,030	0,0521	
	Alumine...........	»,»»»	»,»»»	»,»»»	»,»»»	»,»»»	0,0408	
	Matière végéto-animale...	des traces.	quantité indéterm.	1,025	0,030	0,045	quantité indét.	
		Hydrogène sulfuré libre en tout, 0,0976 En précipitant le soufre par les acides nitreux ou sulfureux.	Hydrogène sulfuré en tout, 0,063 Par les sulfures de plomb et d'argent.	Hydrogène sulfuré en tout, 0,064 Idem. Idem 0,0066	Hydrog. sulfuré, en tout, 0,039 Par le sulfure de cuivre.	Hydrogène sulfuré en tout, 0,057 Idem.	Hydrogène sulfuré en tout, 0,0533 Par le sulfure de cuivre, en précipitant à l'aide du deuto-sulfate acidule (g).	(g) C'est le protosulfure de cuivre que M. Longchamp regarde se former dans cette opération, et pourtant bien évidemment il n'a pu obtenir que le deuto. Voyez M. Thenard. Aussi trouve-t-il moins d'acide hydro-sulfurique par le calcul. Il devrait avoir par ce procédé, en tout : hydrogène sulfuré, 0,0885 ; et libre, 0,0515.

(1) Je rapporte ici les résultats de mes deux analyses, tels qu'ils sont consignés dans le *Journal de pharmacie*, t. XI, pag. 100, près de ceux de M. Fremy, qui se trouvent dans le même cahier. On verra qu'après la correction des erreurs typographiques rectifiées déjà depuis long-temps en janvier 1824, les produits sont bien différens de ceux présentés par M. Longchamp. Il faut que le hasard m'ait bien mal servi, puisqu'en donnant les résultats des analyses de M. Fremy, pag. 69, M. Longchamp n'a pas voulu apercevoir les miens, portés à quelques pages plus loin.

EXAMEN CRITIQUE

D'UNE NOUVELLE ANALYSE

DE L'EAU D'ENGHIEN,

Faite par M. LONGCHAMP,

EN RÉPONSE A CE CHIMISTE;

Par M. HENRY fils,

Pharmacien, sous-chef à la Pharmacie centrale, et membre adjoint de
l'Académie royale de médecine.

(*Extrait du* Journal de Pharmacie.)

M. Longchamp, connu par plusieurs travaux intéressans, vient de publier depuis peu une brochure ayant pour titre: *Analyse de l'eau sulfureuse d'Enghien faite par ordre du gouvernement*. Ce petit ouvrage, que pourrait recommander le nom de l'auteur, renferme, outre l'analyse indiquée ci-dessus, des considérations géologiques curieuses. Il donne aussi un précis sommaire des travaux entrepris jadis sur cette eau sulfureuse (tiré du mémoire de Fourcroy), et principalement de la belle analyse qu'en firent il y a plus de trente ans Fourcroy, Delaporte et M. Vauquelin; analyse qu'aucune autre ne pouvait jamais faire oublier.

Notre but n'étant pas de donner un extrait de la brochure publiée par M. Longchamp, nous y renverrons nos lecteurs. Il nous importe seulement de répondre à la critique amère que M. Longchamp a faite de deux analyses des eaux sulfureuses d'Enghien (source Cotte dite du Roi, et source de la Pêcherie) que j'ai publiées dans le Journal de Pharmacie, tome XI, page 100, année 1825.

En présentant ces observations, je suis persuadé qu'après avoir lu l'attaque peu modérée de M. Longchamp dont les termes, souvent très-inconvenans, rappellent peu l'urbanité que l'on se doit réciproquement, le lecteur ne saurait me blâmer d'avoir tenté de réfuter des faits inexacts et réctifié les graves erreurs qu'il a voulu me prêter.

M. Longchamp se demanderait-il encore, *si c'est faire la critique de mes travaux que d'en publier les résultats ?* A coup sûr, je suis loin d'avoir la prétention de me regarder comme infaillible ; mais je ne saurais admettre cette plaisanterie pour une juste et sévère critique de mes essais. J'ajouterai que si M. Longchamp, en contrôlant mes procédés et mes expériences, eût employé les termes reçus par la modération et la convenance, j'aurais pu quelquefois considérer ses avis comme ceux d'un juge éclairé et sage, et j'aurais alors tâché d'en profiter ; mais le ton de sa critique, ainsi que j'en donnerai quelques preuves, est peu fait pour convaincre, car il est sorti à la fois des bornes généralement adoptées par l'usage, et de plus ses preuves sont trop inexactes pour détruire ce que j'ai avancé : on en jugera plus loin.

Je vais toutefois, avant d'entrer en matière, donner le tableau des diverses analyses entreprises sur l'eau sulfureuse d'Enghien, ainsi que l'a fait M. Longchamp dans sa brochure.

On peut facilement reconnaître, en jetant les yeux sur ce tableau, la différence qui existe entre celle de M. Longchamp, et les autres analyses, parmi lesquelles se trouve celle de Fourcroy et de M. Vauquelin, dont les principes minéralisateurs toutefois sont à très-peu près les mêmes que ceux présentés par M. Fremy et par moi.

Pour procéder avec méthode, je vais examiner chaque substance trouvée par nos moyens analytiques et par ceux de M. Longchamp, en suivant l'ordre qu'elles occupent dans le tableau ; j'indiquerai ensuite les pages du mémoire où sont signalées nos erreurs, et je citerai, lorsqu'il le faudra, les phrases qui pourront mieux donner à nos lecteurs une idée de l'urbanité qui accompagne cette critique, et de la justesse des observations qui s'y trouvent.

Détermination de l'acide hydro-sulfurique.

Cet acide, qui existe à la fois libre et à l'état de combinaison, est celui sur lequel nous devons principalement insister, parce qu'il est le plus important des principes minéralisateurs de l'eau d'Enghien.

Qu'il me soit permis de rappeler en peu de mots, les moyens que j'ai mis en usage pour évaluer cet acide.

J'ai fait chauffer des quantités connues d'eau d'Enghien et j'ai reçu le produit dans des dissolutions très-acides de plomb, d'argent et quelquefois de cuivre ; souvent après une ébullition prolongée l'eau contenait encore de l'acide hydro-sulfurique, j'y ajoutais alors un peu de nitrate d'argent et je recueillais le sulfure lavé préalablement par l'ammoniaque. Le soufre que donnait par le calcul la composition de ce produit était ajouté à celui obtenu de même du sulfure de plomb formé. Ou bien j'ai versé dans l'eau une dissolution de nitrate d'argent, ayant soin de laver avec l'ammoniaque le sulfure qui se formait. Ce procédé, peu sujet à l'erreur, m'a donné constamment, ainsi que les autres, un poids de sulfure correspondant à 0,064 d'acide hydro-sulfurique (1). Je vais indiquer tout à l'heure les raisons qui ont fourni à d'autres chimistes des quantités moindres d'hydrogène sulfuré. Mais je ne sache pas avoir dit dans aucun des deux mémoires que j'avais estimé cet acide en versant dans l'eau une dissolution très-acide d'acétate de plomb, car je savais comme M. Longchamp l'action qu'exerceraient sur elle les sels contenus dans l'eau minérale.

Ayant obtenu dans le résidu de l'opération une quantité d'hyposulfites bien appréciable, et ayant de plus constaté qu'ils n'existaient pas primitivement dans l'eau (voyez Journal de Pharmacie, tome IX, page 492), je dus concevoir qu'ils étaient à l'état d'hydrosulfate avant leur décomposition. Je tentai de profiter de la propriété que possèdent les sels de manganèse et de fer protoxidés de ne pas agir sur l'acide hydrosulfurique libre, afin de séparer à l'aide de la distillation celui non combiné et d'en déduire ensuite le poids de la quantité totale trouvée ci-dessus, dans une quantité égale d'eau, pour connaître la proportion de l'acide à l'état d'hydrosulfate. Ce procédé, qui est très-exact quand l'eau ne renferme point de carbonate calcaire ou magnésien, est sujet ici à une erreur, comme l'a prouvé depuis M. Vauquelin (Journal de Pharmacie, tome XI, page 124). Cependant avec le sel de magnésie la réaction s'opère plus difficilement et donne assez constamment une approximation peu éloignée de la vérité, lorsque la quantité de carbonate calcaire n'est pas très-considérable. Aussi je pense que dans

---

(1) Je n'avais pas pour but de dégager seulement de l'acide hydrosulfurique libre par l'action de la chaleur, mais la totalité du gaz, sachant combien les hydrosulfates sont faciles à décomposer, surtout ceux de magnésie et de chaux. Si j'ai chauffé au bain marie, c'est que je pensais qu'ils étaient peu décomposables à cette température, ignorant alors l'action de l'acide carbonique sur eux.

une foule de circonstances il peut trouver son application (1).

J'ai profité, dans l'analyse de l'eau de la Pêcherie, de plusieurs observations qui m'avaient été faites auparavant, et c'est à l'aide de la saturation des bases que je suis parvenu à calculer au moins à très-peu près la quantité d'hydrogène sulfuré libre, et celle en combinaison, quantité de nouveau presque la même que celle obtenue ci-dessus.

Je passe maintenant aux procédés indiqués par M. Longchamp, et présentés par ce chimiste comme étant de *la plus parfaite exactitude*.

C'est à l'aide du sulfate acidule de cuivre versé dans l'eau qu'il précipite tout l'acide hydrosulfurique; puis en exposant un autre poids égal d'eau d'Enghien sous le réci-

---

(1) Voici le détail de plusieurs nouvelles expériences que j'ai cru devoir présenter ici :

Eau hydrosulfurée pure, 100.gr. Sulfure de plomb, 1,27 = Soufre, 0,1700.
   Par acétate acidule de plomb, un très-grand excès n'a nullement changé les résultats.

Idem 100, Sulfure d'argent, 1,32 = Soufre, 0,1709.
   (lavé par l'ammoniaque.)

Idem 100, Bisulfure de cuivre, 0,55 = Soufre, 0,176.
   (sans excès sensible de sulfate acidule, et séché à l'air.)

Idem 100, Bisulfure de cuivre, 0,34 = Soufre, 0,1146.
   (avec très-grand excès de sulfate.)

Idem 100, Bisulfure de cuivre, 0,51 = Soufre, 0,171.
   (séché dans le vide.)

Idem 100, Sulfure d'antimoine, 0,645 = Soufre, 0,1703.
   (lavé à chaud.)

On a chauffé dans un vase convenable et dégagé l'hydrogène sulfuré représenté par :

Eau hydrosulfurée *pure*. . . . . . 100 ⎫ Sulfure de plomb, 1re. expérience. 1,17
Carbonate de chaux acidule dans eau. . . . . . . quantité suffisante ⎬
Sulfate de manganèse pur. . . . excès ⎭ Sulfure de plomb, 2e. expérience 1,12

Nota. Il s'était déposé du carbonate de manganèse mêlé d'un peu d'hydrosulfate décomposable par l'acide sulfurique. On n'a donc pas eu tout l'hydrogène sulfuré.

pient de la machine pneumatique, il enlève seulement l'hydrogène sulfuré libre, et précipite ensuite celui en combinaison au moyen du réactif de cuivre annoncé ci-dessus. Assurément ce dernier procédé, que M. Thenard a indiqué dans le 5e. volume de son Traité de Chimie, comme l'annonce M. Longchamp, serait très-avantageux; mais la présence de l'acide carbonique libre dans la liqueur doit produire une erreur, car l'on sait que cet acide dégage même dans le vide l'acide des hydrosulfates. J'ai fait voir, dans un mémoire ayant pour titre, *de l'Action réciproque des acides carbonique et hydrosulfurique sur les hydrosulfates et carbonates* (Journal de Chimie médicale, tome Ier., page 261), que l'acide carbonique peut décomposer les hydrosulfates même dans le vide, et que l'eau d'Enghien a perdu presque entièrement tout l'hydrogène sulfuré qu'elle contient, en y versant à plusieurs reprises de l'eau chargée de gaz carbonique et faisant le vide. C'est ce fait qui m'avait fait renoncer à suivre le procédé dont parle M. Longchamp. Je vais prouver qu'il n'est pas ici exempt d'erreur, et qu'il n'offre, comme celui où j'emploie le protosulfate de manganèse, qu'une approximation plus ou moins grande de la vérité.

Expérience.

Eau hydrosulfurée, 120 gr., donnant sulfure de plomb lavé, 0,32

Eau hydrosulfurée ci-dessus. . . . . 120 gr.
Hydrosulfate de magnésie. 80
(Un mélange semblable fournit sulfure de plomb 0,62.)
Eau chargée d'acide carbonique. . . . . excès.

Après avoir fait le vide pendant 5 heures, le mélange ne produisit plus que 0,16 de sulfure de plomb; une grande partie de l'acide de l'hydrosulfate s'était donc dégagée avec l'hydrogène sulfuré libre.

Il faut dans l'état actuel des choses se contenter de tels résultats, lorsqu'on peut surtout arriver, par l'évaluation des bases et par le calcul, à une connaissance assez précise de la quantité d'hydrosulfate.

Quant au sulfate acidule de cuivre qui sert à déterminer la proportion d'hydrogène sulfuré, il est sujet à varier beaucoup dans ses effets, et déjà M. Longchamp avait remarqué (Voyez pages 130 et 131 de son analyse) quelque chose de semblable. Car d'ailleurs le sulfure de cuivre présente beaucoup de difficulté dans sa dessiccation. (Voyez Annales de Chimie et de Physique, tome VII, page 411, où il est dit que ce sulfure se sulfatise très-promptement.) Un essai comparatif fait dans le vide et à l'air me l'a prouvé évidemment ; aussi doit-il augmenter en poids, et de plus il paraît se dissoudre ou se décomposer, suivant les quantités plus ou moins grandes de sulfate que l'on met avec l'acide hydrosulfurique.

En effet lorsqu'on verse *à froid* dans de l'eau hydrosulfurée une dissolution de sulfate de cuivre acidule, si l'on ajoute peu à peu cette liqueur, on voit le sulfure de cuivre se former ; si on en met au contraire de suite une très-grande quantité on n'obtient pas de précipité, le liquide acquiert une teinte brune ou vert émeraude, et malgré son exposition à l'air, il ne s'y dépose au bout de 18 à 20 heures que très-peu de sulfure. Il y a plus : en prenant un poids déterminé de sulfure du même métal, lavé et encore humide, on parvient à en faire disparaître la majeure partie à l'aide de plusieurs lavages avec le sulfate de cuivre. Il est donc probable que le moyen présenté par M. Longchamp a dû lui donner une cause d'erreur, qui a peu varié à la vérité, parce que probablement il a opéré avec les mêmes proportions de liquides et qu'il a par conséquent été toujours dans les mêmes circonstances.

De plus, M. Longchamp a obtenu de 100^{gr} d'eau, un poids de sulfure de cuivre égal à 0,248 terme moyen. D'après la composition il est formé de 66,297 de cuivre et de soufre 33,707, car ce ne peut être qu'un deuto-sulfure (Voyez le 1er. volume de M. Thenard, page 516). Or les 248 devraient représenter hydrogène sulfuré 0 ^{gr}., 0885 et non pas 0,0533. Il faut que M. Longchamp ait calculé ce composé en protosulfure qui renferme, d'après M. Berzelius, soufre 20,27, et métal 79,73. Cette erreur n'a été probablement commise que par inadvertance, car il n'aurait pu confondre l'état de sulfuration de ce composé ; puisque *tout le monde sait* qu'un deuto-sulfate transformé au sulfure donne toujours un produit correspondant en deutoxide et par conséquent ici un bisulfure. L'action de l'air sur le sulfure qui le sulfatise très-facilement a dû aussi augmenter son poids.

D'après ces considérations, je crois que l'ancien mode d'évaluation de l'acide hydrosulfurique par un sel de plomb ou d'argent a été probablement moins sujet à l'incertitude et qu'on doit y avoir plus confiance.

C'est donc bien le hasard, comme le dit M. Longchamp, qui nous a fourni les mêmes quantités d'acide hydrosulfurique libre, car il devait en obtenir une bien plus grande proportion, ce qu'il est facile de concevoir, puisque dans le procédé qu'il suit, il s'est trompé dans l'évaluation, et que d'ailleurs il y a dégagement d'une portion de celui de l'hydrosulfate, tandis qu'avec les sels de fer et même de manganèse dont je me suis servi, une partie de l'hydrogène sulfuré réellement libre a pu n'être pas dégagée. Je m'occupe maintenant à rendre ce dernier procédé applicable, même lors de la présence des carbonates terreux avec les hydrosulfates.

Je ne dirai rien de la précipitation de l'acide carbonique libre et combiné en ajoutant de l'ammoniaque et du muriate de baryte dans l'eau, car outre qu'il peut se précipiter un peu de magnésie avec les carbonates et sulfates, il faut employer un trop grand nombre de manipulations pour qu'il n'y ait pas par conséquent plusieurs causes d'erreur.

Je passerai maintenant à l'examen des matières salines, et j'espère pouvoir indiquer aussi plusieurs faits inexacts annoncés par M. Longchamp.

Des substances salines.

L'alcohol mis en contact à chaud avec le résidu de l'évaporation de l'eau d'Enghien en sépare, 1°. de l'hyposulfite de magnésie, des traces de chaux, des muriates de magnésie, peut-être de soude et de potasse, d'après M. Longchamp, enfin du soufre, dont une partie est mêlée à une certaine matière organique dont on ne peut l'isoler. A ce propos je ne puis passer sous silence le dernier alinéa de la brochure de M. Longchamp.

« *L'alcohol*, dit-il, *exerce sur le résidu de l'évaporation*
» *de l'eau d'Enghien, une action qui a déjà été remarquée*
» *par Fourcroy, c'est qu'il dissout facilement le sulfure*
» *que contient ce résidu, et que cette dissolution est ensuite*
» *décomposée par l'eau qui en précipite du soufre* (1) *; mais*
» *il ne faut pas croire avec l'auteur d'une brochure sur les*
» *Eaux Minérales, que l'alchool soit un dissolvant du sou-*
» *fre.* CETTE BÉVUE *n'aurait pas été faite par quelqu'un qui*
» *aurait reçu quelques leçons de chimie, car il n'y a pas*
» *un élève de nos laboratoires qui ne sache que le soufre*
» *ne se dissout dans l'alchool que lorsqu'on emploie le pro-*
» *cédé autrefois indiqué par M. de Lauraguais. On serait*
» *tenté de croire que la chimie touche à sa décadence, lors-*
» *qu'on lit dans quelques recueils, des mémoires qui sont*
» *publiés par des personnes qui n'ont pas plus la connais-*
» *sance des faits chimiques qu'elles n'ont l'esprit scienti-*
» *fique.* »

---

(1) Ce fait est-il bien admissible, quand on sait que les hydrosulfates, soit neutres, soit sulfurés, sont solubles dans l'alcohol et dans l'eau ? N'est-il pas plus probable que cet effet a été produit par le soufre lui-même en dissolution dans l'alcohol ?

Certes, la critique ne peut employer des termes plus modérés et plus capables de donner une idée de *l'urbanité* de celui qui s'en est servi ; relevons toutefois la prétendue *bévue* indiquée par M. Longchamp, qui n'en est une que pour lui seul : car il est probable que s'il avait daigné jeter les yeux sur tous les ouvrages de chimie tels que ceux de MM. Thenard, Thompson, Orfila, etc., etc., etc., et s'il avait pris la peine de traiter par de l'alchool rectifié des fleurs de soufre bien lavées, il aurait vu que, même à froid, comme depuis long-temps Favre l'a prouvé, l'alcohol dissout ce corps d'une manière très-sensible, sans qu'il ait été mis en vapeur avec le véhicule. Et, si l'alcohol n'est pas un excellent dissolvant du soufre, il faudra pourtant se résigner à le prendre, jusqu'à ce que M. Longchamp nous en indique un préférable, dans la circonstance surtout où nous en conseillons l'usage.

Si M. Longchamp pense que de semblables *bévues* doivent faire croire à la décadence totale de la chimie, je pourrai tranquilliser mes lecteurs en leur citant l'exactitude de ce chimiste ; car lorsqu'on trouve dans son analyse, à la page 79, qu'il a pu dans un *cinquième* de grain de matière, reconnaître à la fois la présence de la silice, de l'alumine, du soufre et du charbon, on est pleinement rassuré sur l'état de la chimie analytique, et l'on se demande si nos premiers chimistes pourraient faire mieux.

Je poursuis maintenant l'examen des substances enlevées par l'alcohol. La présence de l'hyposulfite de magnésie bien reconnue, même par M. Longchamp, m'a fait admettre dans l'eau l'hydrogène sulfuré combiné en grande partie avec cette base ; l'opinion émise de l'action de l'acide carbonique sur ce sel, par la proportion bien plus grande de carbonate magnésien après l'évaporation à l'air de l'eau d'Enghien, ou après y avoir fait passer un grand courant de gaz carbonique et avoir rapproché à siccité, m'ont déterminé à insister sur ce point (1).

« *Ce serait*, dit M. Longchamp, *une futilité que de s'arrêter à discuter si dans l'eau d'Enghien prise à la source, l'hydrogène sulfuré sature la chaux ou la magnésie.* » Assurément ce fait n'est pas très-important, quoiqu'il repose sur le principe peut-être le plus intéressant de l'eau ; mais il ne nous semble pas plus futile que la digression de M. Longchamp, au sujet d'une petite quantité de sulfate de potasse 0, 0^g·22 qu'il annonce avoir isolée comme nous le dirons plus loin, ainsi que de muriate de potasse aussi difficile pour nous à admettre d'après les nouveaux essais que je vais citer.

M. Longchamp avoue aux deux pages 90 et 91, un peu d'incertitude dans ses calculs et par conséquent alors dans ses résultats ; il dit de plus avoir obtenu par l'alcohol du sulfure de magnésie ; or, quel est ce sulfure ? J'ignore si aucun chimiste le connaît, et provient-il bien, comme il le suppose, de l'hydrosulfure de cette base ? On sait cependant, d'après M. Thenard, que ce sel laisse dégager son acide entièrement par la chaleur, et que le soufre chauffé avec la magnésie ne produit pas de sulfure. M. Longchamp admet que cet hydrosulfate primitivement à base de chaux a été formé ensuite probablement par la réaction de l'hydrogène sulfuré sur le carbonate de magnésie. M. Vauquelin a prouvé par une expérience très-curieuse, que l'acide hydrosulfurique mis dans le vide avec une dissolution de carbonate acidule de chaux (voyez Journal de Pharmacie, tome XI, page 125) n'a nullement agi sur ce dernier sel, effet qui doit avoir lieu aussi avec

---

(1) On me reprochera ici quelques erreurs, et à juste titre, par l'emploi du bicarbonate de potasse, réactif infidèle pour séparer la chaux d'avec la magnésie, mais il n'a pu me donner à cet endroit que de très-petites différences ; c'est aussi ce qui m'a amené quelques faibles augmentations dans les calculs, comme je l'ai fait remarquer.

le carbonate de magnésie. On ne voit pas alors pourquoi la décomposition admise par M. Longchamp se serait effectuée, ou par quelles causes l'hydrosulfate de chaux et le carbonate magnésien (ce dernier n'existant primitivement qu'en très-petite quantité dans l'eau d'Enghien) auraient réagi l'un sur l'autre, de manière à échanger réciproquement leurs bases ; car les deux acides ont presque la même énergie, et ces carbonates la même solubilité. Enfin l'augmentation très-facile à reconnaître dans la proportion de carbonate magnésien, lorsqu'on a fait passer à froid dans l'eau d'Enghien un grand courant de gaz carbonique bien pur (gaz qui n'a pu agir que sur l'hydrosulfate de magnésie et nullement sur les sulfate et muriate de cette base), est encore une nouvelle preuve de la combinaison de l'acide hydrosulfurique avec la magnésie dans l'eau minérale citée plus haut.

M. Longchamp a regardé une partie de l'hydrosulfate à l'état de combinaison avec la potasse, et l'autre avec la chaux (1).

Déjà tout nous semble confirmer celle de l'hydrosulfate de magnésie. Pour nous convaincre de la présence de la potasse soit à l'état de muriate, soit à celui d'hydrosulfate, après avoir fait évaporer avec soin d'abord 8 bouteilles, et une seconde fois 12 bouteilles d'eau d'Enghien, pour agir dans chaque expérience sur une quantité assez considérable de sels, j'ai enlevé par l'alcohol les substances solubles, puis j'ai évaporé ce menstrue afin de traiter les matières salines. Il est bien certain que, s'il se trouvait de l'hydrosulfure ou hydrosulfate de potasse, le résidu devait contenir de l'hyposulfite de potasse avec celui de magné-

---

(1) Il s'est fondé principalement sur l'action des masses, et la chaux, étant, dit-il, plus abondante que la magnésie, il l'a considérée comme ayant agi d'abord primitivement; or, si cela s'est passé ainsi, n'a-t-elle pas dû se combiner de préférence avec les acides les plus énergiques, tels que le

sie; je n'ai pas précipité cette base par l'eau de chaux (1), parce que je crois ce mode infidèle, en raison de l'action réciproque des terres les unes sur les autres, et parce que l'eau de chaux même, après deux ou trois lavages de la chaux, retient souvent encore de la potasse, ainsi que deux expériences exactes me l'ont démontré ; j'ai en conséquence traité par l'acide nitrique pur le résidu de l'évaporation alcoholique, et après avoir desséché fortement, j'ai séparé par l'alcohol le sulfate de magnésie et le sulfate de potasse formés aux dépens des hyposulfites, si ce dernier existait. L'alcohol fut mis à part; les sulfates lavés avec soin par l'alcohol, puis dissous dans l'eau, ne donnèrent qu'un sel à base de magnésie, et par le muriate de platine aucune trace de potasse, en ayant soin de concentrer la liqueur.

---

sulfurique et le muriatique, et même le carbonique, vu la cohésion du dernier sel formé.

(1) Pour nous assurer si l'eau de chaux précipite ici toute la magnésie, on a pris (à trois reprises différentes) :

1°. 2 gr. sulfate de magnésie desséché (renfermant magnésie 0,6804); on l'a fait dissoudre et traité à l'aide de l'eau de chaux en excès sans le contact de l'air; le précipité analysé contenait : magnésie, 0,388, et sulfate de chaux, des traces à peine sensibles.

2°. 2 gr. de magnésie caustique calcinée, dissous dans acide hydrochlorique, quantité nécessaire à la saturation, et étendus d'eau, ont fourni par l'eau de chaux en excès sans air, un précipité de magnésie qui, calciné, pesait 0,2; terme moyen.

Toute la magnésie n'avait donc pas été précipitée par l'eau de chaux; il n'y en avait que la moindre partie.

L'eau de chaux ne précipite pas sensiblement le sulfate de chaux tenu en dissolution dans l'eau; il peut séparer (ce mode avait été suivi par Fourcroy et M. Vauquelin) tout les carbonates de chaux et de magnésie dissous à la faveur de l'acide carbonique. Il n'en échappe que des quantités impondérables dues à la très-petite solubilité de ces carbonates. L'eau de chaux conduit à reconnaître approximativement la proportion de carbonate de magnésie et de chaux existant primitivement dans l'eau d'Enghien ; le premier, comme je l'ai fait voir, est en quantité beaucoup inférieure à celle que donne le résultat de l'évaporation.

L'alcohol mis à part, évaporé de nouveau, fournit une substance d'un blanc jaunâtre, contenant encore quelques traces d'hyposulfite, peu de muriate, ce qui est facile à expliquer, car le muriate de magnésie a été décomposé. Son acide et sa base se sont unis à l'acide nitrique.

Le tout concentré était salé et amer ; il ne donna nullement d'indice de potasse par le muriate de platine. Aux pages 107 et 108, on sera étonné de la manière *singulière* par laquelle M. Longchamp évalue le muriate de potasse. Nous ne pouvons la passer entièrement sous silence.

Ayant remarqué dans les produits de l'évaporation une quantité de muriate moindre que celle annoncée par la proportion d'acide muriatique obtenue directement, et songeant à la volatilité des muriates, et surtout *du muriate de soude*, M. Longchamp a admis que toute la perte en muriate portait sur *celui de potasse*, et il a ajouté aux produits de l'analyse celui représenté par cette perte. « *D'après des* » *calculs*, dit-il, *qu'il est inutile d'établir ici*, *j'ai trouvé* » *qu'on peut admettre qu'il s'évapore* 3,500,000,000 *mètres* » *cubes d'eau de la surface des mers dans le cours d'une* » *année*, *et en admettant que cette eau entraîne la même* » *quantité de muriate de soude que celle de muriate de* » *potasse qui a été enlevée*, comme le prouve évidemment l'auteur par l'évaporation de l'eau d'Enghien, *il s'ensuit* » *qu'il se répandrait chaque année dans l'atmosphère* » 4,398,975,000,000 *kilog. de muriate de soude.* »

Toutes ces hypothèses conduisent *bien directement* M. Longchamp à la connaissance *exacte* du muriate de potasse; mais quoique ce chimiste propose ses moyens d'analyse comme des modèles pour les jeunes chimistes (voyez page 83), je doute fort que ce dernier puisse être facilement adopté par eux, et tout le monde pensera sans doute à suivre de préférence ceux qui, quoique moins neufs peut-être, sont plus directs et n'offrent pas autant sujet à contestation. La conséquence de la perte en muriate de potasse, calculée par la volatilité du muriate de soude, mérite d'être remarquée avec attention.

Si l'on objectait que le muriate de potasse a été volatilisé, je pourrais répondre qu'ayant agi sur le produit de l'évaporation de 12 kig. d'eau, la quantité de ce sel (qui d'après M. Longchamp serait de 0,5) eût été assez considérable pour en laisser encore quelques traces sensibles. Car 2 grammes de chlorure de potassium pur calcinés fortement pendant trois quarts d'heure n'ont perdu que 0,14; et 2 grammes de chlorure de sodium traités de la même manière ont laissé volatiliser 0,21. D'où provient donc cette potasse annoncée par M. Longchamp? aurait-t-elle été fournie par l'eau de chaux? Elle me semble toutefois bien difficile à apercevoir.

Nous arrivons à l'examen des sels solubles dans l'eau. M. Longchamp indique avoir trouvé outre les sulfates de chaux et de magnésie, une quantité de sulfate de potasse égale à $0,^{gr.}022$ comme on l'a dit, et à ce sujet il s'est fortement récrié sur la légèreté avec laquelle se font beaucoup de mémoires, sans savoir le temps qu'ils ont exigé. « *Si la marche que je suis*, dit-il, *est pénible; par ce* » *moyen on ne parvient pas à faire aussi facilement des* » *mémoires que Scudery enfantait des volumes*, etc. » Cette plaisanterie de M. Longchamp arrive d'autant plus mal à propos que l'existence de ce sel de potasse mériterait confirmation.

C'est encore à l'aide de l'eau de chaux dont nous avons fait voir l'inconvénient, que M. Longchamp a séparé la magnésie, et c'est ensuite du sulfate de chaux qu'il a séparé le sulfate de potasse.

Afin d'arriver au même but, j'ai pris un autre mode que je vais indiquer. Les sulfates étant mêlés d'une petite quantité de la matière organique, j'ai évaporé à siccité et calciné légèrement. Ce résidu fut dissous dans l'eau faiblement alcoholisée pour précipiter tout le sulfate calcaire;

on évapora de nouveau et à l'aide du carbonate d'ammoniaque avec excès de base, on précipita la magnésie en partie; le tout filtré, on fit évaporer de nouveau, mais la liqueur contenait encore une quantité très-notable de cette base, ce qui fit répéter même plusieurs fois la précipitation par le carbonate d'ammoniaque. Enfin après quatre ou cinq essais semblables, il s'y trouvait encore un peu de magnésie; je fis évaporer à siccité, puis je calcinai très-fortement, pour chasser le sulfate d'ammoniaque et l'excès de carbonate; il ne resta qu'une très-petite proportion de sel où la présence de la magnésie était encore sensible, et qui donnèrent par le muriate de platine seulement quelques indices impondérables de précipité. Encore ce précipité fut-il soluble dans l'eau, et se comporta-t-il comme un peu de sulfate de magnésie évaporé et traité par le même réactif. Le sulfate de chaux précipité ne fournit pas davantage de potasse par un essai fait à part. D'après cette expérience que j'ai faite et répétée avec tout le soin possible, il n'est pas facile d'admettre dans l'eau d'Enghein une quantité pondérable de sulfate de potasse, si ce sel s'y trouve, car j'ai agi sur une quantité de matière capable de m'en fournir un poids très-sensible, et le procédé que j'ai suivi n'a pu en introduire accidentellement.

Sans décider tout-à-fait la question, qui serait cependant assez facile à résoudre maintenant, je me borne à présenter mes résultats, et m'estimerai heureux de les voir répéter par des mains plus habiles que les miennes.

Les autres substances trouvées dans l'eau d'Enghien, à l'exception de quelques traces d'alumine, sont les mêmes que celles portées sur le tableau; je ferai observer toutefois que le procédé suivi par M. Longchamp pour isoler les deux carbonates insolubles, a dû lui donner moins d'incertitude que celui que j'ai mis en usage (le bi-carbonate de potasse); cependant nos différences sont très-petites, si l'on considère, comme les observations du tableau l'indiquent, que les sous-carbonates sont cotés dans l'analyse de M. Longchamp en carbonates neutres, ainsi que le veut la théorie, et que leur poids doit être par conséquent un peu plus grand par l'augmentation de l'acide qui s'y trouve.

D'après toutes ces observations, quelle conclusion devons-nous tirer sur la brochure que nous venons d'examiner?

Que la composition formée par quatre analyses antérieures à celle de M. Longchamp (parmi lesquelles se trouve celle de Fourcroy et de M. Vauquelin), et présentant toutes les mêmes principes constituans, ne nous semblent point détruites par celle de ce chimiste; que dans cette dernière il se trouve un grand nombre d'inexactitudes, dont voici les principales :

Savoir : 1°. *Evaluation de l'acide hydrosulfurique* par un mauvais procédé; la formation d'un sulfure de cuivre dont la dessiccation exacte est impossible, comme on le sait depuis long-temps, et qu'un excès de deuto-sulfate de cuivre peut faire varier des poids. De plus par *l'erreur* pour ne pas employer l'expression dont M. Longchamp s'est servi contre moi, de calculer le sulfure en proto au lieu de deuto; erreur que n'aurait pas faite *quelqu'un qui eût reçu quelques leçons de chimie et qui eût eu la connaissance des faits chimiques.*

2°. *Mauvaise application* du procédé de M. Thenard, pour isoler l'acide hydrosulfurique libre d'avec celui en combinaison.

3°. *Fausse évaluation de la magnésie*, que M. Longchamp sépare par l'eau de chaux, lorsque ce moyen ne précipite au plus que la moitié ou le quart de celle en combinaison avec les acides sulfurique et hydrochlorique.

4°. *Supposition problématique*, peu admissible d'après les faits, de la combinaison de l'acide hydrosulfurique avec la chaux et avec la potasse, quand tout prouve que l'hydrosulfate est à base de magnésie.

5°. *Presence de la potasse* à l'état d'hydrosulfate, de sulfate et de muriate, que M. Longchamp prétend avoir très-bien reconnue, et qui n'y a été introduite qu'accidentellement par les procédés mis en usage, comme on peut s'en assurer dans l'analyse directe.

Nous attendrons donc que M. Longchamp nous donne de nouvelles preuves pour regarder nos résultats comme très-éloignés de la vérité, et nous serons charmés alors qu'il puisse nous convaincre d'une manière plus évidente (1).

Malgré ces discussions, l'eau d'Enghien sera toujours pour l'usage médical une eau fort intéressante, surtout à cause de la propriété qu'elle possède de pouvoir être chauffée à un degré convenable sans perdre sensiblement l'acide hydrosulfurique qui y est contenu, ainsi que Fourcroy l'avait annoncé jadis, et comme l'a répété M. Long-

---

(1) L'analyse des eaux minérales n'appartient certainement à personne mieux qu'à M. Longchamp, qui depuis plusieurs années s'en occupe, et qui a pu bien constater sur les lieux la nature d'un grand nombre d'eaux naturelles. Mais ce chimiste pourrait-il se dissimuler à combien de changemens elles sont souvent exposées, tant par les circonstances naturelles de la température, des variations de l'atmosphère, que par des causes accidentelles, les infiltrations, les diverses localités où elles sont recueillies, etc., etc.? En remarquant de plus le grand nombre de substances différentes qu'elles renferment, et l'état presque de combinaison plutôt que de mélange ordinaire où ces matières se trouvent, on ne saurait s'empêcher de croire que les chimistes, même les plus habiles, se flatteraient vainement d'arriver tous *rigoureusement à des millièmes près*, à obtenir dans une eau d'égales quantités de produits; les substances isolées ou reconnues étant toutefois de nature semblable. Ce genre de travail ne permet pas, comme dans les analyses moins complexes, d'arriver à un résultat tout-à-fait égal pour plusieurs opérateurs, puisque les modes suivis par chacun sont la plupart du temps très-variables. Aussi nous croyons qu'en demandant ici plus qu'une approximation juste et raisonnable, ce serait souvent exiger l'impossible, et qu'en voulant prouver trop, on s'exposerait à produire un effet tout contraire.

champ ;-car elle devient alors une eau thermale des plus sulfureuses, et il doit être fort indifférent pour MM. les médecins que l'hydrosulfate s'y trouve à base de magnésie, ou de chaux et de potasse, puisque les effets de l'eau n'en seront ni moins grands ni moins avantageux.

FIN.